LE MIRACULÉ

VINGT ANS PLUS TARD

JAD GILLES

GAUSSIN

LE MIRACULÉ : VINGT ANS PLUS TARD
Jad Giles Gaussin

Premiere publication au Liban en 2014

Cette édition est publiée en 2022 avec des révisions
mineures, une nouvelle couverture et un code ISBN par

⊪ ⊪ house

PO BOX 60904, UNITED ARAB EMIRATES
office@hyperhouse.pub

Publication © HOUSE et l'auteur 2022

Texte © l'auteur
Images © l'auteur

Composer en Warnock Pro, Trade Gothic LT

ISBN 978-1-956938-04-3

TABLE

Preface   7
Introduction   8

I – LE CHOC   9
II – JEANNE EBORI   13
III – LE REFUS DE LA FATALITE   20
IV – LES FORMALITES   22
V – NECKER   26
VI – L'APPEL   31
VII – LE TUNNEL INTERMINABLE   35
VIII – LE SOUTIEN   43
IX – LE RETOUR   46
X – LE DEBUT DE LA FIN   53
XI – LE KIDNAPPING   59
XII – LA SORTIE   64

Conclusion   70
Album   77

PREFACE

Né le 8 Mai 1990 à Libreville au Gabon, de père et mère franco-libanais. J'ai grandi et fait toutes mes études ici dans des écoles françaises.

Dans ce livre, je vous parlerais de mon histoire qui s'est déroulée il y a 20 ans. J'avais 20 mois, j'étais un bébé heureux et comblé, entouré d'une famille qui m'aimait et me chérissait. J'ai commencé à marcher à 10 mois et à 14 mois j'arrivais à parler.

Je suis un garçon très vivant. J'avais - et j'ai toujours - la meilleure vie que l'on puisse avoir.

~Jad Gilles Gaussin

INTRODUCTION

Beyrouth, le 2 avril 2012. J'ai célébré la vingtième année de ma nouvelle vie. C'était le dernier jour du Ramadan. En voyant le gardien nettoyer l'entrée de l'immeuble, je me suis rappelé que mes parents m'avaient raconté un évènement qui m'est arrivé dans mon plus jeune âge. C'est à cette occasion, que j'ai décidé d'écrire ce livre, en hommage à la vie, à l'amour, à la solidarité et surtout... à l'espoir.

J'ai voulu que ce livre soit une leçon d'espérance en l'avenir, malgré les multiples cassures et accidents qui n'épargnent personne. Je l'ai voulu aussi comme une leçon d'amour... car sans l'amour des parents, le plus grand espoir reste amputé d'une partie de lui-même.

I
LE CHOC

Libreville, 2 avril 1992. Le mois du Ramadan touchait à sa fin. En fait, je crois
même que c'était le dernier ou l'avant-
dernier jour de jeûne ; car comme la tra-
dition le voulait, vêtements nouveaux et
grand ménage s'imposaient.

Ce matin-là, l'effervescence de la fête
avait déjà commencé, nous étions allés
tous ensemble, avec mon frère Hussein
et ma sœur Ghida, acheter de nouveaux
vêtements pour l'Eid. Nous étions heureux, et riions de tout cœur à tout ce qui
nous entourait. Sitôt nos emplettes ter-
minées, nous étions rentrés à la maison,
car ma mère était pressée d'accomplir le
deuxième grand rite de la fête : le grand
ménage.

La maison était nettoyée à grande

eau, même les murs et les plafonds y passaient. Ma mère, Lina, dirigeait le travail à l'intérieur de la maison, alors que ma tante Rola nous donnait à manger, à sa fille Yara et à moi-même, sur le palier. Nous mangions du poulet avec du riz, une bouchée à tour de rôle. Nous étions sur le palier du deuxième étage. Les voisines des autres paliers, elles aussi, frottaient et astiquaient frénétiquement. A les voir toutes tellement occupées, on se serait demandé si elles se rendaient compte que ces appartements avaient été nettoyés la veille, l'avant-veille, le jour d'avant, et tous les jours que Dieu avaient faits.

L'arrivée de mon père fut saluée par des cris de joie. Avec l'eau qui descendait de partout, on aurait cru qu'il pleuvait des cordes. Mon père, chirurgien, revenait de son cabinet où il avait passé une dure journée. Il monta les deux étages, sautillant entre les flaques et se couvrant la tête avec un parapluie. Sitôt entré, il cria : « Des lettres du Liban ! »

Ma mère se précipita assoiffée des

nouvelles de la famille, car à l'époque, les lignes téléphoniques étaient tellement difficiles que le seul moyen de communication avec nos familles au Liban était les lettres qui nous parvenaient de manière très irrégulière, avec telle personne qui rentrait au Gabon ou telle autre qui y venait pour travailler.

A cet instant-là, Tante Rola rentra à la cuisine pour ravitailler l'assiette de riz au poulet. Mû par je ne sais quel sentiment, je m'approchais du rebord de l'escalier. Mon pied glissa et je me retrouvai en train de rouler à une vitesse incroyable, tournoyant dans les airs et frappant contre les marches jusqu'au rez-de-chaussée où mon petit corps de vingt mois atterrit enfin.

Etendu sur le palier, mon corps est en compote et ma tête fracassée. La voisine qui se trouvait dans l'entrée de l'immeuble cria : « Mon Dieu ! Venez vite, Jad ! »

Mes parents coururent tous deux vers l'extérieur. Ma mère regarda par-dessus la rampe et vit mon corps étendu dans l'entrée. Le sang qui sortait de mon oreille formait une flaque rouge sous ma tête. Mon père dévalait déjà les marches quatre à quatre et prit mon corps entre ses bras.

« Il est en vie ? hurla ma mère.

Il y a encore un souffle... » fut la seule réponse qu'elle reçut.

Mon père, qui venait de murmurer ces quelques mots, n'avait pas encore réalisé que c'était le corps de son fils qu'il tenait dans ses bras. Un corps où la vie n'était plus qu'un faible chuchotement.

Soudain, le tumulte autour de moi reprit. Mon père, rejoint par ma mère, souleva mon petit corps et courut vers l'extérieur. Ils sautèrent dans un taxi, direction l'Hôpital Jeanne Ebori de Libreville. Il était 13h00.

II
JEANNE EBORI

Le trajet vers l'hôpital était interminable, non que la distance fût longue, mais l'inquiétude et la peur qui étreignaient le cœur de mes parents étaient si palpables que je les ressentais dans chaque fibre de mon corps.

A notre arrivée à l'hôpital, nous fûmes immédiatement entourés. Je fus pris en charge par le Docteur Souheil El Hage, un ami de mon père, spécialiste en réanimation, qui fit effectuer tous les examens nécessaires. Le diagnostic fut très sévère : fracture de la boite crânienne, avec hémorragie interne.

Effondré, mon père n'était plus le chirurgien brillant dont tout le monde chantait les louanges. Il était un père, c'était mon père, un homme accablé devant l'ampleur du désastre qu'on lui annonçait.

Ma mère, n'en parlons pas. Dans toute sa dignité, elle retenait ses larmes à grand peine. Elle était entourée de tous, amis ou inconnus, libanais, gabonais et français, habitant à Libreville, qui avaient entendu la nouvelle de l'accident et s'étaient précipités pour apporter leur soutien et leur assistance. Le hall de l'hôpital en était comblé.

C'est dans des moments comme celui-là que l'on se rend compte combien la présence de personnes solidaires peut soulager nos peines. Leur présence, même silencieuse, faisait chaud au cœur. Ils étaient là, attendant un signe ou un mot, pour se précipiter prêts à aider.

Mes oncles Hadi et Hassan, et mon frère Hussein qui était avec eux au magasin, avaient été alertés par tante Rola. Ils fermèrent le magasin et partirent à l'Hôpital.

Les médecins décidèrent qu'une opération devait être faite immédiatement pour soulager l'hémorragie dans la boîte crânienne. On me tira sur le chariot vers la salle d'opération, tandis que, de l'autre côté, mon père ayant le même groupe sanguin que moi, fut convié à me donner son sang. L'infirmière piqua correctement mon père, à chaque fois dans la veine, à plusieurs reprises mais rien n'y fit : aucune goutte de sang ne sortit d'aucun de ses deux bras. Diagnostic : vasoconstruction, fermeture des veines par le stress.

Du côté du bloc, les chirurgiens, de plus en plus pessimistes, décidèrent d'arrêter l'opération après avoir trouvé qu'un morceau de mon cerveau sortait de la fracture. Ils sortirent du bloc et se dirigèrent vers mon père pour d'abord lui parler dans un jargon médical incompréhensible, et pour ensuite lui faire part qu'ils ne seraient pas en mesure de faire quoique ce soit pour moi, qu'il était préférable de me laisser partir en douceur car il ne me restait que quelques heures à vivre.

Ma mère, remplie de tristesse, de

douleur et de peine, toujours entourée de la famille et des amis, avait l'espoir que les chirurgiens sortent du bloc pour lui apporter la nouvelle qu'elle voulait entendre : que son fils était hors de danger.

Au lieu de cela, mon oncle et ma tante Hadi et Rola, s'approchèrent de ma mère en pleurant et la prirent par le bras, l'accompagnant lentement vers la sortie, en lui murmurant : « Ce n'est pas la peine de rester, on rentre à la maison ».

Ces quelques secondes, ces quelques paroles suffirent à faire s'effondrer les précédents espoirs. Ma mère prit conscience, à cet instant-là, qu'elle était en train de perdre son fils. Elle se tourna vers mon père avec dans les yeux, une interrogation implorante... Il s'approcha d'elle pour la rassurer : « Tout va bien, la situation de Jad est stationnaire. Rentre à la maison, je reste en contact avec toi ».

Au bloc opératoire, mon père vivait des moments difficiles. Entouré de collègues et amis comme monsieur Hassan Hjeij, les docteurs Nabil Amer et Hussein

16

Charafeddine, monsieur Nahed Mehie-
dine et tant d'autre que je ne pourrai ci-
ter, les diagnostics fusaient. Aucun ne me
donnait plus de 10% de chance de survie.
J'étais toujours dans un coma profond,
ce qui poussa l'un des médecins à dire à
mon père avec ce qu'il pensait être du réa-
lisme : « Ce n'est plus qu'une question
d'heures tout au plus. Il est presque mort.
Préparez-vous à l'enterrer ».

La maison se remplissait de noir. Tout
le monde portait du noir, couleur du deuil
au Liban et dans la plupart des pays du
monde. Les gens avaient décidé que ma
situation était désespérée, et s'étaient pré-
parés en conséquence.

Tout le monde était dans l'attente du
moment où mon âme allait s'envoler vers
un autre monde. Mon père restait assis
près de moi à l'hôpital, il n'arrivait pas à
détacher ses yeux de ce petit corps de vingt
mois, il priait de toutes ses forces qu'un
miracle se produise et renverse la situation.
Il attendait un petit signe du destin.

Ma mère regardait tout le monde

entrer et sortir de chez elle sans les voir. Elle avait envie de leur demander : « Pourquoi du noir ? ». Mais elle gardait le silence. Avec sa gentillesse habituelle, elle ne voulait pas blesser tous ces gens qui l'entouraient et lui témoignaient leur sympathie, mais au fond de son cœur, elle ne sentait pas que j'allais mourir. Son cœur de mère était rassuré.

Les heures passaient lentement.

Je ressentis un besoin pressant, urgent. Mais qu'allais-je faire ? On m'avait enlevé ma couche pour me fixer toutes ces perfusions. Dans mon subconscient, je regardais autour de moi, pour trouver une solution. Je ne vis qu'un homme, assis sur une chaise près de mon lit. Il me regardait fixement, les yeux vides, désespérés. Il attendait.

Et moi, je n'arrivais pas à résoudre mon problème. Du fond de mon coma, je ne pouvais pas parler. Il ne me restait donc plus qu'à me soulager sur mon lit d'hôpital, et tant pis s'ils allaient devoir changer les draps.

A la vue du filet d'urine que je

n'arrivais plus à retenir, je vis mon père se métamorphoser. Ses yeux se remplirent de joie et d'espoir. Il sauta en criant : « Il est vivant ! Je l'emmène en France ! ».

III
LE REFUS DE LA FATALITE

Autour de lui, les médecins, les infirmiers, tout le personnel soignant de l'hôpital le regardaient avec des yeux pleins de compassion et de pitié. Ils comprenaient sa réaction, pour eux, il s'agissait du déni. Ils pensaient tous : « Cet homme refuse de voir son fils mourir ».

Un des médecins se retourna et lui dit tout doucement: « C'est une perte de temps et d'argent », comme pour essayer de le ramener à la vie réelle. Il pensait que mon père délirait dans un monde d'espoir irraisonné, et que la réalité n'en serait que plus dure quand il devrait se rendre à l'évidence de ma mort.

Mon père le regarda. Une grande sérénité avait enveloppé tout doucement son cœur. Il sourit et redit d'une voix plus ferme : « Je l'emmène en France.»

Pour lui, ce petit filet signifiait que les organes vitaux du corps fonctionnaient toujours, et que, de ce fait, tout espoir n'était pas encore perdu.

Il était 18h00. Mon père rentra à la maison. Ma mère le voyant entrer entouré de quelques hommes pressés n'arrivait plus à respirer. Elle guettait sur son visage une annonce qui ne venait pas. Mais elle ne comprenait pas, elle ne voyait sur ce visage rien d'alarmant. Elle n'y voyait qu'une foi indéfectible, et aussi, une détermination farouche. Elle l'entendit lui dire : «On rapatrie Jad à Paris.»

IV
LES FORMALITES

La machine était lancée. Cette horrible attente était terminée. Mes parents décidèrent que, quelle que fut la situation, ils tenteraient le tout pour le tout. Peu importait la perte de temps et d'argent, elle n'était pas importante devant ma vie à moi. Leur immense amour m'apparut dans toute sa grandeur. Combien de personnes auraient perdu espoir devant le diagnostic des médecins, mais mes parents avaient décidé de se battre pour la vie des amis de mon père on préparé le transport vers l'aéroport: Messieurs Mohamed Hjeij et Abdo Dayekh ont organisé l'ambulance et les formalités de passage a l'avion.

Ma mère commençait à préparer notre voyage. Il ne restait que quelques heures devant nous avant de prendre l'avion.

Un problème de taille s'annonça. Le visa de ma mère pour la France avait expiré il y quelques mois, et comme aucun voyage n'était en perspective, elle ne l'avait pas fait renouvelé. Mon père était porteur de la nationalité française, nous aussi. Mais les formalités pour ma mère trainaient en longueur et elle ne l'avait donc pas encore obtenue.

Mon père se dirigea vers le téléphone et appela le numéro d'urgence du consulat de France à Libreville. L'employé de garde lui répondit que l'ambassade et le consulat étaient fermés et qu'il fallait rappeler le lendemain. Il leur expliqua la situation, et l'employé après un long silence lui dit : « Un instant, je vais voir ».

Quelques instants plus tard, le Consul fut en ligne. Il écouta mon père lui expliquer la situation, et lui dit : « Venez immédiatement, je vous attends ». Mon père prit le passeport et partir pour le Consulat.

Le Consul attendait mon père. Le passeport fut immédiatement pris en charge, et le visa délivré à ma mère sur le champ. Le Consul interrogea mon père sur les dispositions prises, et appela la compagnie Air France pour leur demander de faire tout ce qui était en leur pouvoir pour que notre trajet se fasse le plus confortablement possible.

Le soir-même, nous étions à l'aéroport, prêts à nous envoler pour la France.

Nous fûmes embarqués sur l'avion avant tous les autres passagers. 9 places avaient été réservées pour nous. Les membres de l'équipage firent en sorte de nous réserver un petit espace dans l'avion. Dr Souheil El-Hage nous accompagnait dans notre voyage.

Le vol se déroula calmement. Pour mes parents, l'espoir se trouvait à l'hôpital des enfants malades de Necker. L'important était que j'arrive à destination, encore en vie.

Le médecin donna à ma mère un comprimé pour lui permettre de se détendre un peu et de se reposer.

Au bout de 6h30 de vol, l'avion

atterrit à l'aéroport de Roissy-Charles de Gaulle où une ambulance en provenance de l'hôpital Necker, accompagnée de deux motards pour nous faciliter le trajet, nous attendaient déjà.

Les infirmiers me transportèrent sur le chariot vers l'ambulance qui allait me conduire à l'hôpital. En regardant le brancard sortir de l'avion, ma mère réalisa que ce petit garçon qui y était allongé était son fils. Elle était toujours dans un état second à cause de tous les calmants qu'on lui avait administré depuis l'accident.

V
NECKER

L'arrivée à l'hôpital se fit en un éclair. Je fus immédiatement pris en charge, pour un bilan complet de mon état. Lorsque le radiologue reçut les résultats du scanner, ils n'étaient pas très rassurants.

Le scanner montra un traumatisme crânien important secondaire à une chute avec plusieurs fractures, dont une fracture complexe du rocher et de l'écaille du temporal remontant à l'arrière par le côté droit. L'examen montra aussi un hématome de la fosse postérieure en arrière du rocher droit responsable d'un léger déplacement de la ligne médiane et du V4, de petite taille vers la gauche. Il montra aussi un double trait de fracture de l'écaille du temporal de part et d'autre de la mastoïde, mais l'analyse précise du

rocher ne pourra être faite qu'ultérieure-
ment par une étude plus approfondie de
cette région.

Même si les termes de ce rapport sont
assez rébarbatifs et font quelque peu peur,
mon père dit à ma mère que mes chances
de survie étaient de l'ordre de 50%, alors
que les médecins à Libreville ne m'avaient
donné aucune chance de survie. Cepen-
dant, les médecins ne cachaient pas que
les soins et le processus de rétablissement
seraient longs et coûteux.

Suivant l'avis de l'équipe médicale
conseillant à mes parents de rentrer chez
eux ; nos amies Talia et Maria Hjeij leur
proposèrent l'hospitalité chez elles pour
ne pas qu'ils restent seuls dans leur appartement. Ce sont des amies du Gabon qui
se trouvaient à Paris et qui furent pour
eux un support moral très précieux en ces
moments difficiles.

Le lendemain, c'est jour de fête,
le premier jour de la rupture du jeûne.
Toutes les familles se rassemblaient pour
le célébrer. Mes parents se levèrent et

partirent en direction de l'hôpital pour ne pas ternir la fête qui se préparait chez leurs amis, et ce, malgré leurs réticences.

Malgré tout l'amour qu'ils se portent l'un l'autre, mes parents n'arrivaient pas à communiquer, même s'ils étaient très solidaires l'un de l'autre. Mon père n'informait ma mère que du côté positif de ce qui lui disaient les médecins, et lui cachait tout ce qui risquait de la perturber plus qu'elle ne l'était. Il lui cachait ses propres craintes, et surtout sa lecture pessimiste des résultats des tests que l'on me faisait passer et qui accentuaient sa propre peur. Ma mère, elle, essayait de soutenir mon père, s'empêchant de lui montrer ses terreurs, et s'accrochait aux messages d'espoir que ce dernier lui instillait doucement et auxquels elle avait peur de croire. Que de sentiments contradictoires torturaient mes pauvres parents.

Je dois convenir que mes parents sont exceptionnels. Au fond d'eux, malgré la peur qui les habitait, ils avaient une confiance inébranlable que Dieu ne m'abandonnerait pas. Ils se sont accrochés à un fil d'espoir, tenu, infime, imperceptible, et l'ont transformé en réalité. Leur foi, jamais remise en doute, même pendant les jours les plus difficiles, leur a permis de supporter cette attente interminable.

En arrivant à l'hôpital, mes parents trouvèrent mon oncle Docteur Yehia dans la salle d'attente. Le frère de mon père, qui faisait ses études à Limoges, les avait rejoints à Paris pour leur apporter son soutien.

Les nouvelles à l'hôpital étaient inchangées, la situation restait égale à elle-même et risquait de se prolonger. Des scanners étaient effectués en permanence afin de surveiller l'œdème cérébral qui était vraiment très important, ce qui avait pour conséquence de provoquer une hypertension inter-crânienne.

C'est à ce moment-là que mon père décida qu'il fallait appeler la famille au Liban, d'une part pour les mettre au courant, et d'autre part pour leur demander de venir à Paris, car au cours de la période à venir, dont on ne savait absolument pas combien elle pourrait durer, ma mère aurait besoin du soutien de sa famille. Il est vrai que nous sommes une grande famille très unie et très solidaire, et que tout ce qui pouvait toucher l'un de ses membres affectait en réalité tous ses autres membres. Un seul appel, et toute la famille se serre les coudes...

VI
L'APPEL

Après une courte concertation entre les deux frères sur la décision d'informer la famille au Liban, mon oncle téléphona à mes grands-parents à Nabatiyeh (sud Liban). Ils reçurent la nouvelle comme un choc. Ma grand-mère s'évanouit et mon grand-père se mit à prier pour que je revienne en vie.

Du côté de ma mère; appeler directement ses parents pour leur annoncer mon accident était impensable – surtout que la fête du Fitr avait commencé. En cette occasion, mes grands-parents s'attendaient plutôt à des vœux et absolument pas à une nouvelle aussi dramatique.

Mon père téléphona alors à l'oncle de maman, Docteur Ali El Hassan, qui est lui-même pédiatre, et lui raconta mon accident. C'est à lui qu'échut la mission de prévenir les parents et les sœurs de ma mère. Prenant lui-même conscience de la difficulté de cette tâche, il passa chez sa sœur Sousou pour lui demander de l'accompagner chez leurs parents. Docteur Ali pensait qu'elle pourrait l'aider à atténuer l'effet de la nouvelle sur ma grand-mère par son caractère dynamique, optimiste et boute-en-train. Se réconfortant l'un l'autre, ils prirent le chemin de l'appartement de ma grand-mère.

Les lignes téléphoniques au Liban, à cette époque, étaient extrêmement difficiles pour les appels internationaux. Il faut dire qu'à chaque fois que le pays connaissait des événements malheureux, les premiers secteurs touchés étaient l'électricité, l'eau et les télécommunications.

Arrivés au bas de l'immeuble de mes grands-parents à Raouché, l'un des plus beaux quartiers de Beyrouth et l'un des plus calmes, mon grand-oncle Docteur Ali gara la voiture. Toujours pratique, même dans les moments les plus difficiles, sa soeur Sousou se dirigea immédiatement vers le magasin qui se trouve au bas de l'immeuble, et dont le propriétaire avait ouvert une centrale téléphonique de communications pour l'étranger.

Tante Sousou convint avec lui de demander le numéro de la famille Dr Jihad Jaber chez qui mes parents logeaient à Paris, et de monter l'appareil dans une dizaine de minutes chez ma grand-mère, afin que celle-ci puisse parler à ma mère sans tarder sitôt que la nouvelle serait annoncée.

Après les salutations, les vœux et les embrassades, Sousou se prosterna dans une situation de prière et s'écria : « Jad a eu un accident mais Dieu merci, il est toujours en vie ! ». Toutes les têtes se levèrent. Personne ne comprenait le sens de cette phrase si étrange, ni la réaction de cette dernière. Tous les yeux se tournèrent alors vers Docteur Ali, interrogateurs.

Il raconta l'accident, répondit aux questions, rassura les inquiétudes, adoucit les craintes... jusqu'à l'arrivée de l'appareil

téléphonique. Bénie soit la ligne qui décida, ce jour-là, d'être clémente, peut-être
aussi un peu compatissante, et de relier
presque immédiatement la France au
Liban.

Maman put enfin avoir sa mère au
bout du fil. C'est drôle comme notre
mère reste à tout âge notre ultime recours,
surtout quand nous avons un problème.
Notre mère, c'est le cœur qui ressent nos
besoins les plus profonds sans que nous les
exprimions; c'est l'épaule ferme qui nous
soutient dans toutes nos difficultés, même
quand au fond de sa poitrine, son cœur de
mère pleure de nous savoir malheureux.

Dès qu'elle entendit la voix de sa fille,
et avant que ma mère ait pu lui parler, ma
grand-mère lui dit : « Nous venons te
rejoindre ». Elle avait senti au fond de
son cœur que sa fille, aussi forte qu'elle
essayait de paraître – était en réalité ron-
gée par l'inquiétude et avait besoin d'être
prise en charge émotionnellement.

VII
LE TUNNEL INTERMINABLE

Après une semaine de surveillance dans le service de soins intensifs, c'est à 9 heures du matin que mes parents reçurent l'appel du Professeur Sainte-Rose: La tension intracrânienne avait subitement augmenté et une « gentille opération » (comme la décrivit le Professeur Sainte-Rose) s'imposait. Il fallait ouvrir un petit trou pour dégager la tension.

Mon père et ma mère sautèrent dans la rue et coururent à la recherche d'un taxi. Le trajet du 13ème au 7ème arrondissement dura plus d'une demi-heure en raison des embouteillages parisiens.

Le Professeur Sainte-Rose expliqua une nouvelle fois la situation à mes parents. L'intervention n'était pas seulement inévitable, elle était capitale.

J'entrais donc en salle d'opération vers 11 heures accompagné des prières de mes parents. Le Professeur en ressortit à 16 heures, pour leur annoncer que l'opération était réussie.

« Dieu lui a fait son opération tout seul » leur dit-il. Dieu avait guidé la main du chirurgien pour me sauver la vie. Ne dit-on pas si justement que « les voies de Dieu sont impénétrables » ? Dès le premier jour, il nous a entourés de personnes et de circonstances et les a spécifiquement placées sur notre route tout au long du voyage, comme pour nous dire : « Je suis là, je vais prendre soin de vous. Je vais marcher au travers de tout ceci avec vous ». Nous avons toujours fait et continuons à faire confiance au Seigneur et à ses plans pour nos vies alors que nous avançons un jour après l'autre.

L'opération était réussie... Mais j'étais toujours dans le coma. Un coma profond. Le Professeur Sainte-Rose décrivit le coma à mes parents comme un long tunnel qui aspire le patient et le tire vers un autre monde. Pour contrebalancer l'effet de ce tunnel, il fallait tenter de retenir le patient par une voix ou une chanson qu'il aime, ou en parlant avec lui, même s'il ne nous répond pas. Car, pour lui, il était important de communiquer avec le patient, car derrière cette personne inerte entourée de machines bruyantes se cache un être humain à part entière.

Le Professeur était un homme qui croyait à la communication avec le malade. Par la voix, les mots, l'intonation…, on pouvait faire passer un message, un sentiment. C'est une enveloppe sonore qui tranquillise le patient. Cette communication peut se faire directement, mais peut se faire aussi par l'intermédiaire d'une cassette. En effet, puisqu'il n'y a pas de réponse immédiate, les voix enregistrées font office de communication. Ce moyen permet surtout à la famille de rester en communication avec son malade, et de lui offrir douceur et réconfort. Entendre les voix qu'il aime permet de stimuler le patient, de le replacer dans le temps et de lui donner des repères.

Ce besoin de communiquer n'est pas seulement important pour le patient, c'est un besoin fondamental pour le médecin afin de se préserver, dans un service difficile où la mort plane continuellement. La communication avec le patient permet de réveiller la vie là où elle est quelque peu oubliée.

A l'hôpital, au service de soins intensifs, les visites étaient interdites le matin. Ce temps de fermeture du service aux parents des patients permettait aux corps médical et infirmier de prodiguer aux malades tous les soins qui leur étaient nécessaires. Mes parents donc choisirent de diviser la journée en deux parties : me faire écouter une cassette le matin, et se relayer près de mon lit l'après-midi pour me parler de choses et d'autres.

Alors, des cassettes avec les voix de mes parents, de mon frère et ma sœur, de mes cousines Lynne et Yara, de ma nounou, qui avaient été enregistrées, résonnaient indéfiniment dans la chambre. Le choix de la musique ou du chant ne fut pas difficile non plus, car les premiers mois de ma vie avaient été bercés par une chanson de Marcel Khalifé que j'aimais infiniment :

شـدوا الهمـة الهمـة قويـة مركب ينـده عَ البحريـة
يا بحرية هيلا هيلا هيلا هيلا
شـدوا الهمـة الهمـة قويـة جـــرح بينـده للحـريـة
يا بحرية هيلا هيلا هيلا هيلا
خلـف القلعـة قلعـة نحنـا ساحات الدنيا مطارحنا
يا بحرية هيلا هيلا هيلا هيلا
يـا ريـس ريـس هالمينـا معـروف القلعـة جاينـا
يا بحرية هيلا هيلا هيلا هيلا
صوت جنوبي جنوبي نسمع وجنوبي للنخوة مقلـع
يا بحرية هيلا هيلا هيلا هيلا
صوت جنوبي جنوبي نسمع وشريط الخيـانة نمـزع
يا بحرية هيلا هيلا هيلا هيلا

Que je traduirais de manière globale comme signifiant :

Rassemblez les forces
Les forces sont grandes
Le navire appelle la marine
O marins, ohé, ohé ohé

Rassemblez les forces
Les forces sont grandes
Ma blessure appelle la liberté
O marins, ohé, ohé ohé

Le vent du sud s'est levé
Soufflant sous le port
Le navire appelle la marine
O marins, ohé, ohé ohé

Derrière la citadelle...
Nous sommes une citadelle
Toutes les places du monde sont nôtres
O marins, ohé, ohé ohé

O toi commandant
Commandant de ce port
Dis à la citadelle que nous arrivons
O marins, ohé, ohé ohé

Nous entendons une voix
Nous venant du Sud
Et l'homme du Sud est une source de
courage
O marins, ohé, ohé ohé

Ce chant de Marcel Khalifé, chante le
Sud-Liban, la force et l'amour des gens du
Sud pour leur pays, leur ténacité et leur
volonté de défendre leur pays coûte que
coûte. Il est le chanteur de toute une gé-
nération de jeunes, même nous les moins
jeunes avons été bercés par ses chansons si
pleines de foi, d'amour de la patrie et du
monde arabe, et de la cause palestinienne
en laquelle il a une foi inébranlable.

Du haut de mes quelques mois d'âge,
dès que j'entendais ce chant, je remuais
de droite à gauche au gré de la musique.
J'aimais cette chanson, comme si je sentais qu'à une époque de ma vie elle allait
revêtir une importance primordiale. Je me
devais de les égaler ; ces hommes du Sud,
connus pour leur détermination et leur
volonté de combattre.

Ce chant appelle les gens à rassem-
bler leur courage et leurs forces... pour se
soulever contre le sort... contre l'injus-
tice et la dureté de la vie. C'est comme si
c'était un chant prédestiné, un appel qui
aujourd'hui allait représenter mon seul

lien avec la vie réelle, celle vers laquelle j'aspirais retourner.

Trouver la cassette fut une autre paire de manche. Ma mère, ses amies Hojeij, firent toutes les librairies, les magasins de disque, et tous les magasins libanais de Paris...

Je ne me souviens plus comment cette cassette parvint, mais je sais que mes parents l'auraient créées même si elle avait été sous terre.

Ainsi les journées passèrent, semblables... Le matin, par cassettes interposées, avec Marcel Khalifé, mon frère et ma sœur; et l'après-midi avec mes parents à mes côtés dans ma chambre d'hôpital.

VIII
LE SOUTIEN

De nouveau, la course aux visas recommença, non plus à Libreville mais cette fois à Beyrouth...

Obtenir un visa était chose très difficile pour tout Libanais et nécessitait un délai d'une vingtaine de jours minimum. Le visa devait d'abord être envoyé au Ministère des Affaires Etrangères à Paris afin d'obtenir son autorisation ; ce n'est qu'à ce moment-là qu'il pouvait être délivré aux personnes concernées.

Afin de faciliter la démarche, les passeports furent présentés au Consul avec une lettre du Professeur Sainte-Rose dans laquelle il expliquait que mon état de santé nécessitait un long séjour et que, par conséquent, ma mère, en état de détresse, avait besoin du soutien de la famille.

Sans aucun doute, la lettre rendit plus aisée l'obtention des visas et à aucun moment il n'y eut de refus ou de complications de la part des autorités consulaires qui furent très indulgentes. C'est ainsi que ma grand-mère et mes tantes Abir et Reem s'envolèrent vers Paris quelques jours plus tard.

Sitôt arrivées, elles se relayèrent à mon chevet et les journées se poursuivirent, comme à l'habitude. Il y avait toujours deux personnes : l'une était assise, lisant le Coran et l'autre me parlait. Nous étions tous convaincus que Dieu s'occupait de moi, et qu'il faisait les choses au mieux... bien mieux que tout ce que les humains ne pourraient jamais faire.

Les journées passaient égales à elles-mêmes, sans apporter aucun changement. Aucun signe encourageant ne pointait le bout de son nez.

Le matin et conformément aux conseils du Professeur Sainte-Rose, on continuait, envers et contre tout, à me faire écouter les enregistrements de toute la famille, du Gabon et du Liban.

Ma mère et mon père venaient me rendre visite chaque après-midi, tout comme mes tantes et ma grand-mère. Ils me parlaient et bavardaient avec moi, me racontaient par le menu détail leurs journées, et me donnaient des nouvelles quotidiennes de mon frère et de ma sœur. Ils essayaient, en faisant cela, de me garder connecté à mon monde.

J'entendais ces voix que j'aimais et qui me rattachaient à la vie, mais même si elles faisaient bouger en moi tout l'amour que je leur porte, je n'arrivais pas encore à réagir. Il y avait toujours quelque chose qui me retenait entre deux mondes.

C'est finalement les voix de ma famille et cette chanson de Khalifé que j'écoutais étant petit, qui m'aideront à retrouver le chemin de la vie réelle.

IX
LE RETOUR

La matinée se passa comme celles qui la précédèrent. Vers 14 heures, ma mère et mon père étaient assis avec mes tantes dans le salon de l'hôpital quand ma grand-mère se précipita vers eux pour leur dire : « Jad s'est réveillé, Jad a ouvert les yeux !».

On me fit un électro-encéphalogramme, il montra que j'étais sorti du coma dans lequel je me trouvais depuis mon accident. Mais à me voir, on ne pouvait pas s'en rendre compte. J'étais là, assis, je ne pleurais pas, je ne parlais pas, je ne bougeais pas... le regard fixe dans le vide. Les résultats de l'encéphalogramme en main, le visage livide, mon père me fixait. Ma mère le regarda et lui demanda : « Il va rester toujours comme ça ? »

C'est le médecin qui leur donna un semblant de réponse en leur expliquant que cliniquement, hormis les soins physio-thérapeutiques que l'on allait m'apporter, rien ne pouvait être fait. Il fallait laisser le temps au temps. Aujourd'hui, nous allions entrer dans une deuxième étape qui s'appelait : « Obéir aux ordres ».

J'étais sorti du coma, c'est vrai, mais ceci ne voulait pas dire que cette nouvelle étape était plus facile que celle qui l'avait précédée, car j'étais toujours plongé dans un état d'apathie. Je ne réagissais pas aux stimulations d'ordre psychologique ou physique, quelles qu'elles soient. Je restais inerte, immobile, fixant un point imaginaire en face de moi. Pour mes parents, cet état était plus inquiétant que tout ce qu'ils avaient vécu depuis l'accident.

Un jour, rentrant à l'hôpital vers 14 heures, mes parents virent un jeune enfant paraplégique du côté gauche assis dans un fauteuil roulant, poussé par une infirmière. Ma mère mit un moment à réaliser que cet enfant c'était le sien et elle hurla

silencieusement au fond d'elle-même :
« Non, non, c'est impossible, cet enfant
ne peut pas être mon fils ». Le découra-
gement la saisit au fond du cœur. Où
les avaient mené tous ces sacrifices, toute
cette course contre la montre ?

Une nouvelle étape de mon séjour à
l'hôpital Necker venait de commencer. Je
fus transféré dans une chambre parent-en-
fant qui permettait une plus grande impli-
cation des parents dans le traitement de
leur enfant.

Je ne peux qu'affirmer combien l'environnement hospitalier est compréhen-
sif et humain en France. Tout au long de
mon séjour, la famille et moi avons été
très bien entourés. D'ailleurs même les
lois en France sont plus humaines. Par
exemple, selon la charte de l'enfant hos-
pitalisé, un enfant a le droit, pendant son
séjour dans un centre de soins, d'avoir ses
parents auprès de lui jour et nuit, quel
que soit son âge ou son état. Les parents
sont encouragés à rester auprès de leur
enfant, sans que cela n'entraîne pour la

famille un supplément de frais financiers. Les parents sont aussi informés des règles de vie du service et sont invités à prendre part activement aux soins de leur enfant. Je fus donc transféré dans ce nouveau type de chambre, et j'entamai une nouvelle vie. Une vie faite d'attente et d'espoirs sans cesse renouvelés.

De cette époque, ma mère Lina ne se souvient que de l'attente interminable. Les jours passaient. Je recevais la visite de tous nos parents et amis qui vivent à paris, ou y sont de passage. Mes parents étaient entourés par tous nos amis qui se relayaient autour d'eux, pour les aider, les soutenir et leur apporter tout le soutien. C'est ce soutien qui leur a permis de rester debout.

Mes seuls soins se résumaient à trois séances de physiothérapie par jour qui étaient supposées me permettre de retrouver ma motricité et mes capacités optimales, mais les journées n'apportaient rien de nouveau. Ma grand-mère, mes tantes, ma mère et mon père se relayaient auprès de moi à longueur de journée. Bientôt les visas de ma grand-mère et de mes tantes arriveraient à expiration et elles se verraient obligées de rentrer au Liban, mission accomplie ou non. Elles auraient tellement voulu partir rassurées...

Mon père, lui aussi, devait non seulement reprendre son travail, mais aussi rejoindre mon frère Hussein et ma sœur Ghida. C'est vrai que ces deux derniers étaient très bien entourés par la famille, mais mon père souhaitait reprendre en main le cours de la vie, car il faut dire que depuis l'accident, nous avions tous l'impression qu'aucun de nous n'était maître de sa vie.

Ceci me rappelle Guy de Maupassant lorsqu'il dit : « La vie si courte, si longue, devient parfois insupportable. Elle se déroule, toujours pareille, avec la mort au bout. On ne peut ni l'arrêter, ni la changer, ni la comprendre. Et souvent une révolte indignée vous saisit devant l'impuissance de notre effort. Quoi que nous fassions, nous mourrons ! ».

Notre vie est toute tracée depuis le premier jour de notre vie, nous n'avons d'autre choix que d'accepter et de nous y adapter :

« La vie trouve toujours sa voie ; comme un fleuve détourné de son lit en creuse toujours un autre »
                                        -Amin Maalouf

Un beau jour de Mai, un de ces jours que l'on n'oublie jamais, le soleil se montra derrière quelques nuages matinaux, riant, réveillant la nature avec ses rayons qui réchauffent le cœur et font éclore les fleurs. Mais dans ma chambre à l'hôpital Necker, le soleil n'était pas encore entré ce matin-là.

La matinée fut consacrée aux soins et à la rééducation fonctionnelle. Vers midi, mes tantes arrivèrent avec le plateau du déjeuner. Ma tante Abir prit le plateau et commença à me donner les bouchées les unes après les autres. J'avais la bouche bien remplie et les lèvres sales et poisseuses. Ma tante me tendit un mouchoir et me dit « Essuie ta bouche ». Je tendis une main très malhabile et hésitante vers ce mouchoir. Je le pris, le montais jusqu'à la bouche que j'essuyais devant les yeux tous ronds de ma famille qui avait retenu son souffle tout au long de cette opération. Ce n'est qu'une fois mon entreprise accomplie que les cris de joie explosèrent se mêlant aux larmes. Pour la première fois depuis si longtemps, j'avais obéi à un ordre.

Toute l'attente de ces derniers mois avait été couronnée de succès. Enfin. Pour fêter le début de mon rétablissement, toute la famille se rendit à Eurodisney qui avait ouvert ses portes deux semaines plus tôt. Sitôt entrée sur le site, le premier groupe que la famille rencontra était constitué de jeunes handicapés sur chaises roulantes. Dans ces instants où l'espoir est en train de revenir, dans ce monde de magie où tous les rêves sont permis et où toutes les attentes deviennent réalité, le rappel fut douloureux.

X
LE DEBUT DE LA FIN

Mon séjour à l'hôpital Necker touchait à sa fin ; la période critique était passée. Aujourd'hui, plus rien ne pouvait être fait sur le plan médical, il fallait laisser le temps faire les choses.

Mon père prit donc tous les contacts nécessaires et me fit transférer au Centre de rééducation Saint Maurice. Ce genre de centres a pour objet de réduire les conséquences fonctionnelles, physiques, cognitives, psychologiques ou sociales des déficiences et des limitations de capacité des patients et de promouvoir leur réadaptation et leur réinsertion au sein de leur famille, de la société et surtout de leur école, en leur assurant des soins médicaux, curatifs et palliatifs ; de la rééducation et réadaptation ; des actions de prévention et d'éducation thérapeutique.

Un long programme bien chargé s'annonçait pour cette période, et c'est ainsi que les journées se remplirent de cours, de rééducation, et de soins. Mais quels cours pouvait-on donner à un enfant de 2 ans ? Surtout dans l'environnement dans lequel je me trouvais. Je ne peux contester que tout fût fait au niveau de l'établissement pour que je me sente bien, mais les autres enfants qui m'entouraient étaient des cas beaucoup plus lourds et je me sentais tout seul. Je m'attachais encore un peu plus à ma mère.

L'adaptation à ce centre ne fut pas des plus faciles. La présence de ma mère à mes côtés fut essentielle. Je me raccrochais à elle pour rompre cette solitude qui me tuait, je n'arrivais pas à vivre sans son soutien cette période d'adaptation au centre. Elle passait sa journée avec moi au rythme de mes activités. Je sortais d'une rééducation vers un soin, d'un soin vers un cours, elle était toujours là, à mes côtés. Elle était la seule mère à se trouver là de façon permanente. Dans ce centre, il y avait une jeune fille qui avait, elle aussi, été victime d'un accident et qui suivait le même parcours que moi.

Léa était une jeune fille de quatre ans, toute jolie. Elle guettait ma mère avec impatience pour obtenir un baiser, une caresse, un mot doux. Elle vivait cet état de besoin d'affection car elle avait perdu ses parents dans l'accident de voiture qui l'avait conduit au Centre. Elle prenait, chez ma mère, l'affection qui lui donnait l'envie de continuer, de se surpasser et de faire des efforts pour tout simplement s'en sortir.

S'endormir était une autre paire de manches. Ma mère me prenait dans ses bras pour me réconforter et m'aider à trouver le sommeil. Il ne venait pas ou tardivement. Elle restait assise à mes côtés sur le lit, me racontait une histoire dans laquelle j'étais de nouveau entouré de mon père, de mes oncles et tantes, de Hussein et de Ghida. Des histoires d'une vie normale au Gabon au sein de ma famille.

Je prenais une petite mèche de ses cheveux que je roulais autour de mon doigt, et je jouais avec. C'est ainsi que la fatigue me gagnait et que je m'endormais.

Seulement ce rituel durait parfois longtemps. Ma mère attendait que le sommeil me gagne pour sortir du centre. Souvent, pas avant 10 heures du soir. Le problème c'est qu'à cette heure-ci, le bus qui l'amenait le matin au centre, s'était déjà arrêté, et dans les alentours du centre pas moyen d'avoir un taxi après 9 heures du soir, heure à laquelle le bus s'arrêtait lui aussi. Alors ma mère attaquait courageusement une heure de marche pour rejoindre la station de métro à partir de laquelle il lui fallait trois quarts d'heure de métro pour rejoindre le domicile que les Jaber avait mis à sa disposition.

Elle avançait toute seule, marchant dans la nuit sur cette route que personne ne prenait, même pas en voiture, à cette heure-ci. Elle marchait toute seule. Avec ses idées, ses craintes et ses peurs. Ce n'est qu'arrivée dans la station de métro

Charenton-Ecoles qu'elle se rassurait un peu. Elle était drôlement soulagée de voir tous ces visages inconnus autour d'elle, ils la rassuraient. Elle sentait que la vie reprenait son cours autour d'elle. Alors, elle se jetait sur la banquette du métro dans un état second, regardait défiler les stations, descendait effectuer le changement de rame, reprenait la suite du chemin, écrasée de fatigue, et atteignait enfin sa station de destination.

Elle entamait un dernier parcours à pied pour atteindre enfin la porte de l'appartement. Elle ouvrait la porte, y entrait directement se changer et s'endormait, sous l'effet d'une fatigue extrême, jusqu'au lendemain matin où la vie reprenait semblable à la journée précédente. Le soutien que ma mère m'apporta tout au long de ces journées au centre l'exténuait. Malgré toute cette abnégation, tous les sacrifices qu'elle faisait en espérant voir mon état s'améliorer, le seul sentiment qui la faisait continuer, c'est l'espoir. Elle n'avait plus aucune certitude, rien que de l'espoir.

Au fil des jours, elle n'arrivait plus à distinguer si mon état s'améliorait réellement ou pas. Elle tanguait entre la résistance et la peur.

XI
LE KIDNAPPING

Mon père rassuré après avoir accompli toutes les formalités de mon admission au centre de rééducation Saint-Maurice, a été contraint de rentrer à Libreville. Il ne pouvait pas rester plus longtemps éloigné de son travail.

Mais comme tous les membres de la famille au Liban et au Gabon, il resta en contact quotidien avec ma mère en France et prenait de mes nouvelles tous les jours.

L'action que j'avais fait dans la famille tout au long de ces mois ne suffisait pas, il a fallu à mon père de devoir vivre en plus de tout cela les péripéties du kidnapping de mon frère.

Un samedi matin, mon père et mon frère Hussein de 9 ans étaient allés acheter des petits pains au chocolat dans une pâtisserie pas loin de la maison à Glass. Mon père se gara devant la boulangerie, arrêta sa voiture et descendit rapidement faire sa course. Il laissa Hussein dans la voiture, la clé de contact sur le tableau de bord.

Pendant que mon père se trouvait à l'intérieur de la boulangerie, un jeune homme s'approcha de la voiture et vit la clé sur le contact. Il regarda autour de lui, vit que personne ne regardait dans sa direction et que mon père attendait toujours son tour pour être servi à l'intérieur. Il sauta dans la voiture, tourna la clé de contact et se tourna vers Hussein en lui demandant de descendre de voiture. Celui-ci le regarda, lui fit non de la tête et s'installa plus confortablement sur son siège. Le voleur démarra la voiture et fila rapidement.

Mon père, entendant une voiture partir sur les chapeaux de roues, se retourna et vit sa propre voiture filer. Il se rua vers l'extérieur en hurlant « Hussein ! Arrête ! », croyant que mon frère de 9 ans, fan de voiture, avait décidé de faire son premier cours de conduite.

Un marchand ambulant installé sur le bord de route lui dit : « Le chauffeur a pris ta voiture ». Mon père, n'ayant pas de chauffeur, surpris des paroles du marchand, réalisa qu'il s'agissait d'un vol.

Par chance, Mr Ali Jaber, un ami de mon père qui passait par là, le prit à bord de sa voiture et ils se lancèrent à la poursuite du voleur. A moitié sorti par la fenêtre passager, mon père agitait les bras en hurlant « Arrêtez ! Arrêtez ! Au voleur ! Au voleur !». En pleine course poursuite de Glass jusqu'à Oloumi, mon père et son ami Ali suivaient la voiture à vive allure... Ils la perdirent au niveau d'Oloumi, là où le voleur s'engouffra dans une petite ruelle sur la gauche et que l'ami de mon père fila tout droit. C'est après le feu rouge, en arrivant au pont d'Oloumi que la voiture ressurgit par hasard devant eux...

Mon frère, de son côté, à moitié sorti par la fenêtre du véhicule, criait en agitant les bras « au secours ! au secours ! ». C'est à ce moment-là qu'un ancien champion de rallye, lui-même installé à bord de son propre véhicule réalisa, en voyant s'agiter mon frère, que quelque chose de grave se déroulait sous ses yeux... Il décida instantanément de suivre son instinct en se jetant à la poursuite de mon frère, pour connaitre la nature de sa panique.

Quartiers Oloumi... Lalala... Echangeur d'Owendo... Voie express... Qui suivait qui ? Pour ajouter au trio de tête, une ambulance de la polyclinique Chambrier où travaillait mon père, se joignit à la course. L'ambulancier qui la conduisait, avait reconnu mon père Docteur et se lança ainsi à la poursuite du cortège... Après trente minutes de course poursuite, les quatre voitures arrivèrent finalement jusqu'à un barrage de police qui intercepta enfin la voiture volée.

Mon père sauta à terre et courut vers mon frère. Rassuré qu'il se porte bien, mon père, dans un état second, empoignait le voleur par la tête et le jeta contre la portière de sa voiture. Il l'aurait tué si les policiers ne s'étaient pas interposés pour menotter et arrêter le voleur.

Cette histoire se termina enfin avec plus de peur que de mal.

Il est surprenant de constater combien le cœur d'une mère ressent tout ce qui peut toucher l'un de ses enfants. Ce matin-là, ma mère s'était réveillée avec une étrange impression... une espèce d'inquiétude qui la tracassait... Elle se décida finalement à suivre son pressentiment en téléphonant à mon père, plus tôt que d'habitude, qui lui raconta l'aventure qu'il venait de vivre quelques minutes auparavant.

XII
LA SORTIE

La seule sortie du centre eut lieu en ce week-end de Juillet. Les amis de mes parents, Dr Naji Ibrahim et sa fiancée Sousou, qui ont été d'un grand support pour ma mère à Paris, nous proposèrent de descendre à Bordeaux avec eux, chez mon cousin Yacine et sa femme Claire.

Comme mon corps ne réagissait toujours pas suffisamment, je fis le voyage attaché à ma poussette. Cette petite escapade rompit la monotonie de nos journées au centre et nous apporta une bouffée de bonheur dont nous avions tous les deux grand besoin.

D'autre part, elle représenta mon premier contact avec le monde extérieur depuis bien longtemps. Depuis mon accident, je n'avais connu que le monde des hôpitaux et cette petite promenade dans la ville de Bordeaux représentait une bouffée d'oxygène à mes yeux.

Je regardais autour de moi : le monde était aimable, sans pour autant être curieux. Cela me rassurait et me portait à espérer que je pourrais continuer mon petit chemin de vie, doucement, sans faire de bruit.

Cette courte sortie sur un week-end m'a aidé à reprendre goût à la vie normale et faire le plus vite possible pour me rétablir complètement.

De retour au centre, j'ai réalisé que ma place n'était définitivement plus d'être ici et qu'il allait falloir que je retrouve une vie saine et normale en sortant le plus rapidement possible.

Un matin d'Août, ma mère et moi étions en pleine effervescence. C'était jour de fête. Mon père, mon frère Hussein et ma sœur Ghida arrivaient aujourd'hui du Gabon pour me rendre visite. Maman partit les chercher tous les trois à l'aéroport de Paris Charles de Gaulle. Ils avaient pris leurs bagages, avaient tout jeté dans le taxi et s'étaient tous précipités au centre pour me voir. Vers 11 heures, enfin, mon père, Hussein et Ghida firent leur entrée dans le centre avec ma mère, heureux, pressés de me voir...

Ils passèrent la porte d'entrée tous les trois ensemble et se précipitèrent, chacun d'eux voulant être le premier à me voir...

Soudain, tout cet élan de bonheur s'arrêta net. Les trois paires d'yeux se figèrent à ma vue... Un voile d'incompréhension passa dans leurs yeux. L'espoir avait une nouvelle fois fait son travail. Loin, chacun d'eux avait brodé une image idyllique de moi, de ce que j'étais devenu après l'accident. Chacun avait formé dans sa tête l'image de moi qu'il espérait voir. Mais la réalité avait été dure... Car en face d'eux, il y avait un petit garçon assis dans une chaise roulante, le corps ne parvenant pas à se tenir droit de sorte qu'il se balançait du côté gauche par-dessus la chaise. Mon père, mon frère et ma sœur tentèrent de cacher leur propre blessure

et la journée continua comme elle aurait
dû être, idyllique, une journée en famille.

Un beau soir, rentrant à l'appartement, mes parents s'accordèrent sur le
fait que mes progrès étaient conséquents
et que le plus dur était passé. Ils s'inter-
rogèrent sur l'éventualité que ma mère et
moi rentrions en famille. C'est ainsi que
mon père prit tous les contacts concer-
nant ma rentrée au Gabon, afin que je
puisse y continuer ma rééducation dès le
mois d'Octobre. Le lendemain, une fois
ces dispositions prises,il arriva de bonne
heure au centre et, au lieu de venir me voir
comme chaque matin, il demanda à voir
la directrice afin de lui exposer la décision
qu'ils avaient prise la veille au soir. Dès
qu'elle le reçut dans son bureau. monpère
commença à la remercier pour les progrès
qu'il avait constaté sur mon état, et lui in-
diqua qu'il souhaitait me faire continuer
la rééducation au Gabon, auprès de ma
famille. La directrice tenta de convaincre
mon père de me garder, mais celui-ci
refusa net, car il savait que mes progrès

seraient beaucoup plus rapides auprès des miens.

2 septembre 1992... une belle journée s'annonçait. Le soleil s'était levé et annonçait la victoire de la vie, de l'amour. Ce jour-là, je sortis du centre. Cinq mois après mon accident, je retournais à la vie comme un prisonnier qui sortirait de plusieurs années de bagne. Un petit détour au Liban s'imposait avant d'aller au Gabon, afin que nous puissions tous ensemble retrouver et rassurer tout le monde sur mon état de santé.

Toute la famille au grand complet m'attendait à l'aéroport Rafic Hariri de Beyrouth. Mes grands-parents, mes oncles et tantes, mes cousins et cousines... ils étaient tous là.

Sitôt passées les formalités de douane, ma mère me fit descendre et je franchis les portes de sortie en marchant tant bien que mal, mais sur mes deux jambes, en attrapant sa main. Elle m'avait fait porter un polo rouge et blanc, un short blanc avec des baskets rouges... du rouge pour que tout le monde me voit. Lorsque je franchis les portes, tout le monde me regardait, pleurait et ma grand-mère s'est agenouillée pour embrasser le sol... J'étais le miraculé qui revenait de bien loin.

CONCLUSION

Nous nous sommes posé de nombreuses fois la question du «pourquoi?». «Pourquoi Dieu avait-il permis que nos vies soient bouleversées de la sorte?», «Pourquoi avait-il permis que cela nous arrive à nous?». Sachant que Dieu a toujours un plan tracé d'avance pour chaque être humain, nous avons commencé à demander: «Seigneur, que veux-tu nous apprendre à travers cette épreuve?».

Je suis convaincu que rien de tout cela n'aurait pu être évité. Je suis profondément croyant et pense que le destin ne peut ni changer ni sortir de son chemin, sauf par la volonté de Dieu. Ne dit-on pas que Dieu éprouve ceux qu'Il aime? A aucun moment de ma vie, même les plus durs, je n'ai remis en cause cette certitude.

Il m'a fallu dix ans de rééducation au Gabon, mêlant orthophonie, psycho-motricité et physiothérapie, trois fois par semaine, pour me remettre peu à peu sur pieds, et ce, jusqu'à l'âge de douze ans. La suite s'est faite naturellement, comme l'avait suggéré le Professeur Sainte-Rose lorsqu'il avait confié à mes parents : « Maintenant, c'est en jouant qu'il va récupérer le reste, il faut laisser la nature faire son chemin ».

C'est à cette période que mon père nous emmena, ma sœur mon frère et moi, à la maternité où je découvris, dans les bras de ma mère, la plus belle chose de ma vie : je venais d'avoir une petite sœur prénommée Laïla. C'est grâce à elle, à ma sœur Ghida et à mon frère Hussein que j'ai fini par récupérer le reste, comme l'avait prédit le Professeur Sainte-Rose.

C'est en Avril 2012, vingt ans plus tard, que j'ai décidé de raconter mon his-toire. Peut-être que j'ai voulu exorciser toute mon expérience et toutes ces années passées entre les hôpitaux et la maison.

Mais aussi, j'ai voulu transmettre un message d'encouragement, tout comme de remerciements à tous ceux qui m'ont accompagné au cours de ce périple, un message d'amour et d'espoir.

Aujourd'hui, je me sens bien dans ma peau malgré les problèmes que la vie nous réserve. Toutes les causes humanitaires me touchent énormément. Il y quelques jours, j'ai accompagné ma sœur Ghida à une soirée de lutte contre le cancer du sein. En voyant ces personnes, je me suis dit que j'ai eu de la chance parce qu'il y en a qui ne guérissent pas de certaines maladies. C'est là que j'ai réalisé que chaque homme a une histoire qui mérite d'être racontée, alors j'ai décidé ce soir-là que « ma vie serait un livre dont je serais le héros ».

J'avais envie de vous raconter ce petit bout de ma vie, malgré plusieurs hésitations, qui vous a sans doute fait prendre conscience qu'il faut se réjouir de ce que l'on a, car certaines personnes souffrent comme j'ai souffert et fait souffrir mes proches.

Je terminerai en vous disant :

Je voulais être acteur mais je ne voulais pas quitter le cocon familial,
Je voulais être chanteur mais la voix
ne m'a pas donné la chance,
Je voulais faire plein de choses mais
j'étais en plein rêve.
Avant de trouver ma voie, j'ai écrit ce
livre autobiographique.
Maintenant que j'ai 22 ans, il est de
nouveau temps pour moi de retenter
de réaliser un de ces rêves...
Et n'oubliez pas que nous sommes
tous semblables. nous ne formons
qu'une seule et unique personne,
créature de Dieu.

REMERCIEMENTS

Je voudrais tout d'abord remercier mes parents, car sans eux, je ne serais plus de ce monde...

Mes sœurs Ghida et Laïla, mon frère Hussein,

Toute la famille Rida du côté de ma mère, et la famille Gaussin pour celui de mon père, mes oncles, tantes, cousins, grands-parents...

Egalement, le Professeur Sainte-Rose, l'Hôpital Necker et le Centre Saint-Maurice, tous les médecins, les infirmières et les spécialistes en rééducation de la France, du Liban et du Gabon, qui m'ont apporté tous les soins dont j'avais besoin,

Tous nos amis du Gabon, de la France, du Liban et du monde entier qui sont venus nous soutenir dans cette épreuve douloureuse,

Le Docteur Souhail El Hajj Ali,

La famille Heijeij qui nous a apporté un grand soutien au Gabon et en France,

Dr jihad et mounira Jaber, pour leur hospitalité,

Le Consulat de France au Gabon et au Liban qui nous a aidés pour les visas,

La Compagnie Air France qui nous a facilité le rapatriement.

Et à tous ceux qui ont été là pour moi.

ALBUM

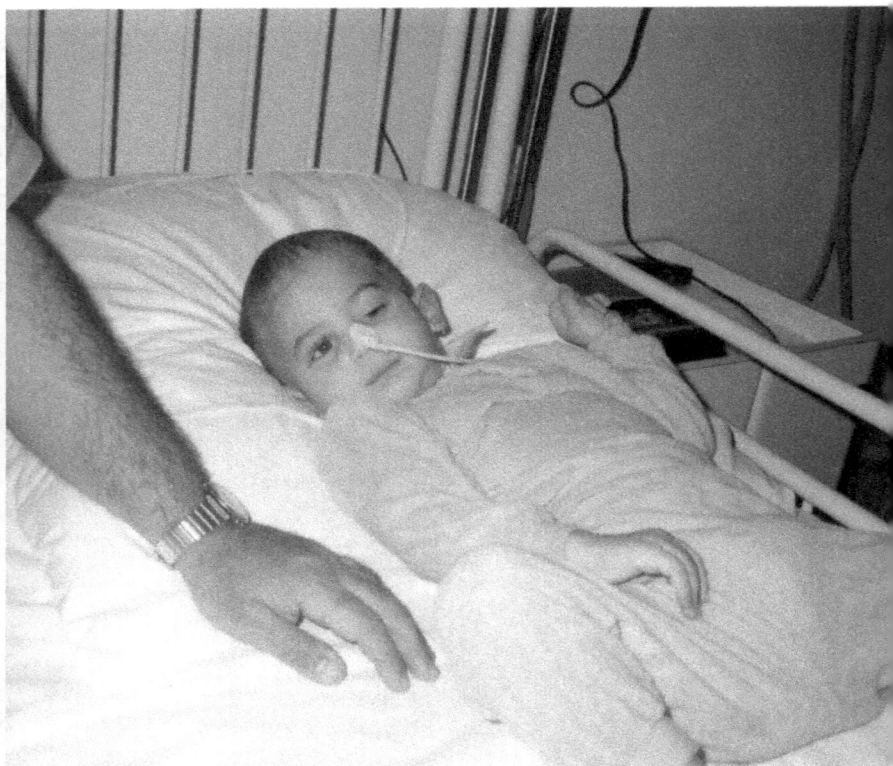

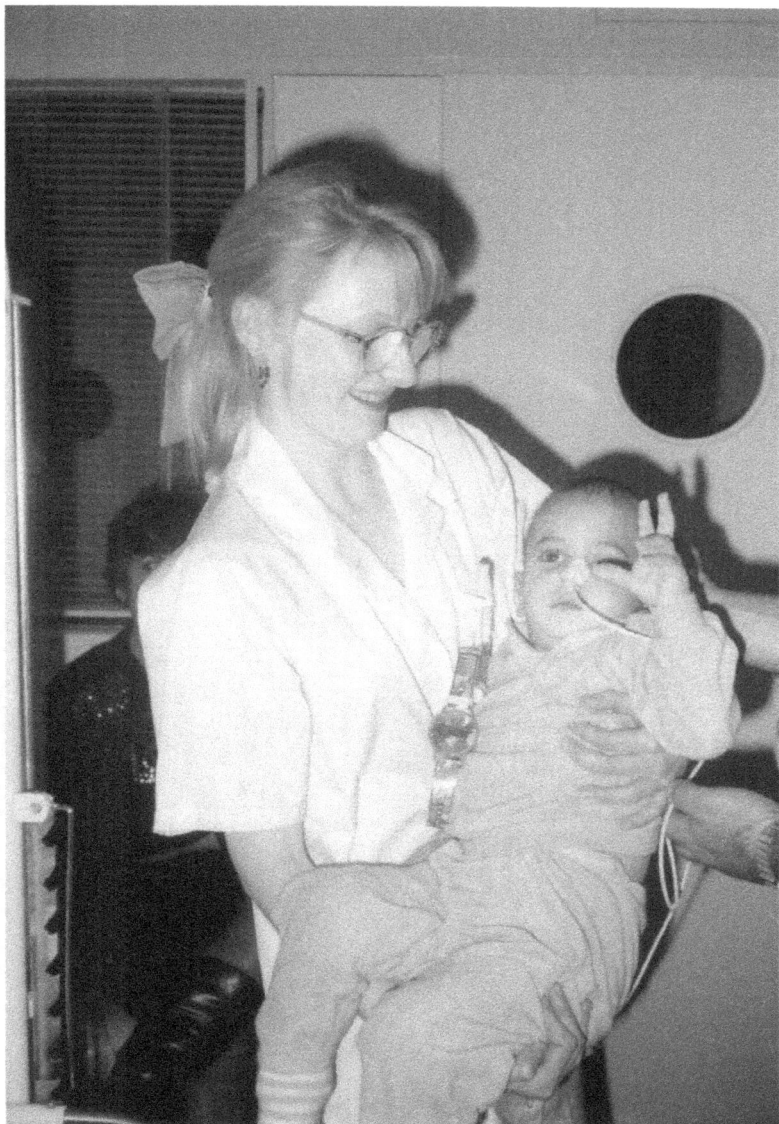

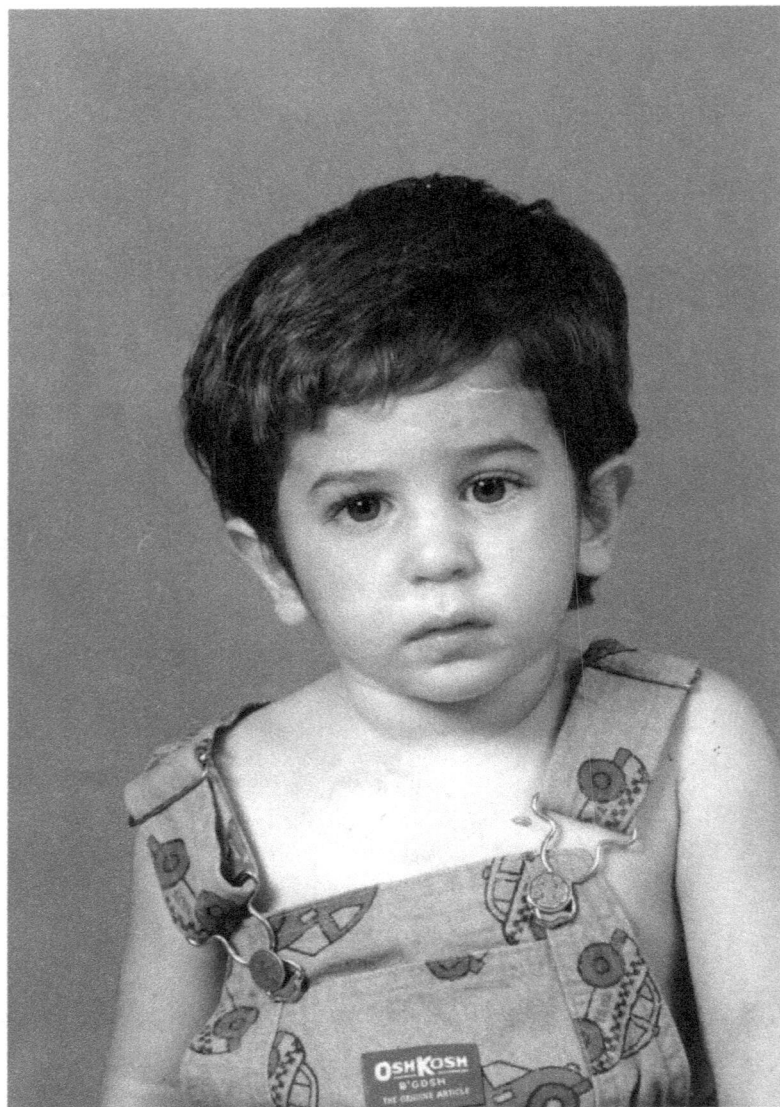

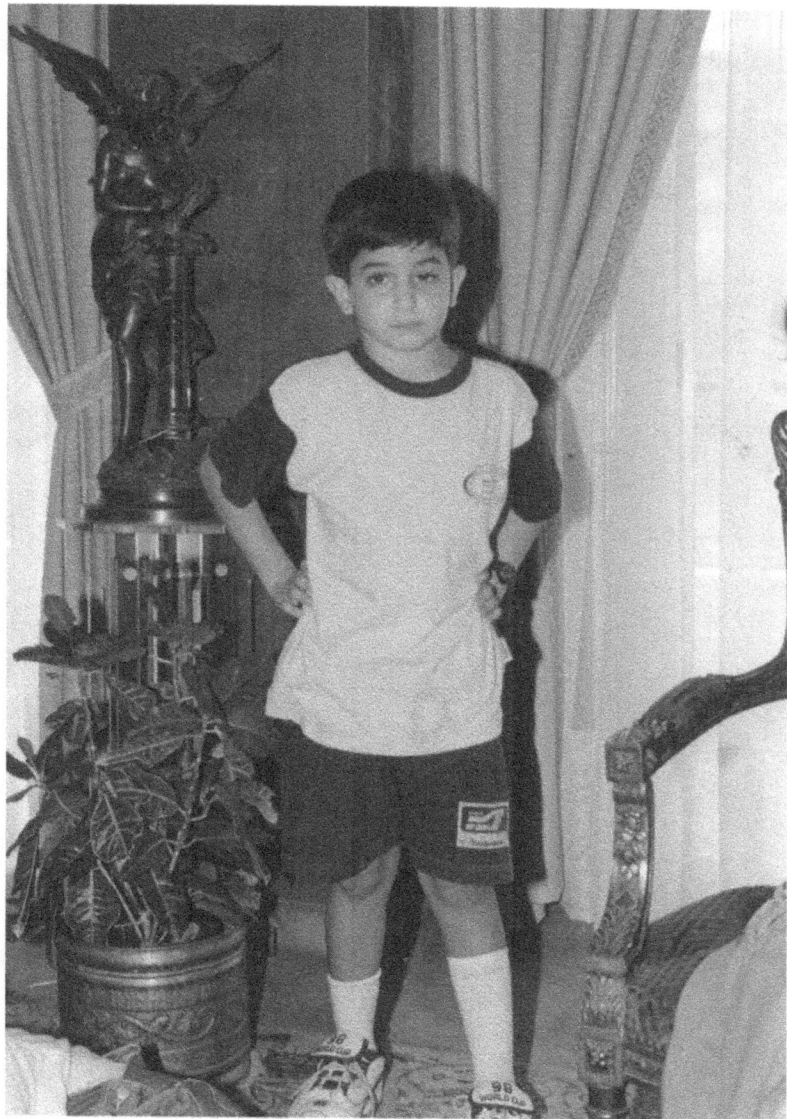

Je voudrais remercier mon père Docteure Alain Gaussin car sans lui,
je ne serais peut-être plus de ce monde.

www.ingramcontent.com/pod-product-compliance
Lightning Source LLC
La Vergne TN
LVHW041305080426
835510LV00009B/872